Salvete
Neue Ausgabe

Arbeitsheft Lektion 17 bis 34

von
Ulrike Althoff
Dieter Belde
Andreas Efing
Sylvia Fein
Jens Kühne

unter beratender Mitarbeit von

Werner Fortmann
Susanne Pinkernell-Kreidt
Beate Promberger

Cornelsen

Redaktion: Werner Schmidt
Illustration: Ulrike Braun, Berlin
Umschlaggestaltung: Sandra Spitzer, Berlin
Layout und technische Umsetzung: Wladimir Perlin, Berlin

www.cornelsen.de

1. Auflage, 1. Druck 2007

Alle Drucke dieser Auflage sind inhaltlich unverändert
und können im Unterricht nebeneinander verwendet werden.

Druck: Druckhaus Berlin-Mitte

ISBN 978-3-464-65451-4

Inhalt gedruckt auf säurefreiem Papier aus nachhaltiger Forstwirtschaft.

INHALT

Eine andere Zeit - Eine andere Sprache?

Mit Marcus Livius Maximus hast du bereits das Zentrum des alten Rom in vielen Teilen kennen gelernt. Der folgende Text beschreibt, wie Marco, ein italienischer Junge, einen Freund durch seine Stadt führt:

Marco e la sua famiglia abitano a Roma. In agosto Marco e Thomas, un amico tedesco[1], visitano il Foro Romano. Il Foro è pieno di turisti. Marco mostra a Thomas molti monumenti e vari edifici: „Ecco! Il Tempio di Vesta, la Basilica di Costantino, la statua di un dio, il muro del Tempio di Cesare." I due amici visitano anche[2] il Colosseo. Thomas dice: „È uno spettacolo magnifico! Grazie Marco!"

1 tedesco, -a *deutsch*

2 anche *auch*

1 **a** Stelle eine Liste nach folgendem Muster zusammen:

Italienisch	Lateinisch

b Versuche, den Text zu übersetzen.

1 Lernort 1

Lektion 17–18 ◀ MEINE GRAMMATIK

1 *Auf den Bauplan kommt es an*

Lies, bevor du die Aufgaben bearbeitest, im Arbeitsheft zu Lekt. 1–16 das Methodentraining zu den Wortbausteinen auf Seite 44/45 durch. Ergänze dann den Merkzettel:

1. Der Grundbauplan einer Verbform besteht im Präsensstamm aus zwei Bausteinen:
   dem ____________________ und der ____________________ .
2. Der Buchstabe, mit dem der ____________________ endet, zeigt mir,
   zu welcher ____________________ das Verb gehört
   (-a bedeutet: _____-Konjugation, -e bedeutet _____-Konjugation).
3. Steht das Verb in einem anderen Tempus, wird ein ____________ eingeschoben.

2 *Die konsonantische Konjugation*

a Es gibt Verben, deren Verbalstamm nicht auf -a oder -e, sondern auf einen ____________ ____________ endet. Sie gehören zur konsonantischen Konjugation. Damit man sie besser aussprechen kann, ist oft (aber nicht immer!) ein zusätzlicher Baustein eingefügt: der ____________________ . Im Infinitiv ist dies z. B. immer ein ____________ gesprochenes _____ zwischen Stamm und Infinitiv-Endung.

b Trage in die neuen Verbformen des Präsens ein (Bindevokale grün, Endungen rot):

Singular		Plural	
1. Pers. Sg.	ced	1. Pers. Pl.	ced
2. Pers. Sg.	ced	2. Pers. Pl.	ced
3. Pers. Sg.	ced	3. Pers. Pl.	ced
Infinitiv: ced			

c Verfahre ebenso für Imperfekt und Futur. Markiere die Tempuszeichen blau:

Imperfekt		Futur	
1. Pers. Sg.	ced	1. Pers. Sg.	ced
2. Pers. Sg.	ced	2. Pers. Sg.	ced
3. Pers. Sg.	ced	3. Pers. Sg.	ced
1. Pers. Pl.	ced	1. Pers. Pl.	ced
2. Pers. Pl.	ced	2. Pers. Pl.	ced
3. Pers. Pl.	ced	3. Pers. Pl.	ced

3 *Ab-ge-koppelt*

a Notiere hinter den Verbformen jeweils ihren Infinitiv der Gleichzeitigkeit. Unterscheide zwischen a-, e- und konsonantischer Konjugation (Dehnungsstrich über Stammauslaut der e-Konjugation!):

petis (__________) iubent (__________) quaeram (__________)

mutabat (__________) avertent (__________) commovebitis (__________)

reddebas (__________) adhibebunt (__________) ignoramus (__________)

colunt (__________) arceo (__________) navigabit (__________)

terrere (__________) relinquet (__________) cernimus (__________)

b Zerlege nun die oben stehenden konjugierten Wörter in ihre Formenbausteine und sortiere sie je nach Konjugation in die entsprechenden Felder ein:

Konjugation	Stamm	Bindevokal	Tempuszeichen	Personalendung

4 *Silben gerüttelt und geschüttelt*

Hier sind die Mittelteile der Verbformen durcheinandergeraten, Anfang und Ende sind stehen geblieben. Füge die Bruchstücke wieder richtig ein. Bestimme dann die Form sowie ihre Bausteine:

de -	tige	- lam	__________
prohi -	ma	- tis	__________
cu -	bebi	- vi	__________
con -	ver	- do	__________
ser -	bita	- mus	__________
re -	si	- nent	__________
op -	pel	- bunt	__________
de -	vaba	- sti	__________
te -	pugna	- runt	__________
du -	duxi	- bimus	__________
con -	ra	- tes	__________

Verwandelte Personen – verwandelte Mythen

1 Die antiken Mythen leben auch in unserem Alltag und unserer Sprache oft weiter – wenn auch in verwandelter Form. Auf dieser Seite findest du Hinweise auf ein solches Fortleben. Stelle alle zu einem Mythos gehörenden Teile zusammen und erläutere sie jeweils. Hast du alles richtig zugeordnet, ergeben die Buchstaben die Namen einer Frau, die auch auf Zeus' Verwandlungen hereinfiel, und ihrer zwei Söhne. Informiere dich über die drei.

1 = CA

1 = L

„mit Argusaugen beobachten"
1 = PO

„Ach, wie oft wollte sie ihm sich mit schmeichelnden Worten nähern und zärtliche Bitten noch zu Hilfe nehmen! Ihr Wesen verwehrt es und erlaubt es ihr nicht, zu beginnen. Doch, was es zulässt, dazu ist sie bereit: auf Laute zu warten, auf die sie ihre Worte erwidert" (Ov. met. III 375 ff.).
4 = A

Narzissmus (m.; -; unz.) *krankhafte Verliebtheit in sich selbst*
narzisstisch (Adj.) *in der Art des Narzissmus, ihn betreffend*
Narzisst (m.; -en, -en) *jmd., dessen Verhalten vom Narzissmus geprägt ist*
2 = E

Quod iuvenis, quem nympha amat, eam a se depellit, amor corpus puellae delet et eam in vocem solam mutat.
3 = D

2 = LL

„... und gehorchten ihr nur die Worte, hätte sie Hilfe erfleht, hätte ihren Namen genannt und ihr Unglück erzählt. Statt der Worte verkünden Buchstaben, die ihr Huf in den Sand gescharrt, die traurige Verwandlung" (Ov. met. I 647 ff.).
3 = UX

Subito aquae appropinquat, litus relinquit undasque maris tangit. Puellam e patria in insulam Cretam ducit. Ibi formam mutat.
3 = OR

2 = ST

Lösung:

Mutter: _ _ _ _   Söhne: _ _ _ _ _ _ _ / _ _ _ _ _ _ _ _

1 Ein angemessenes Verhalten?

Wiederhole die Vokabeln der Lektionen 15 und 16, bevor du die Übungen bearbeitest. Ordne den folgenden Personen aus dem Wortvorrat jeweils zwei Verben (in der 3. Pers. Sg. mit Ergänzung) zu, die ihrem Verhalten entsprechen. Gib anschließend zu dem Verb die dir bereits bekannten Stammformen an.

Herkules	Odysseus	Europa

Jupiter	Caesar	Aeneas

(fatis deorum) parere	(puellam) deducere
(leonem) necare	(milites) iubere
(vinum) praebere	(ad animal) accedere
(multa beneficia) dare	(taurum) tangere
(senatores) non consulere	(multas terras ignotas) videre (2)
(in tergo) considere	(caelum) sustinere

2 Sprachenmix im Rätsel

Trage die passenden englischen Wörter in die Lücken ein und die entsprechenden lateinischen Vokabeln waagerecht in das Rätsel. Das Lösungswort ist der Name eines berühmten kleinen Mannes!

1. An ______________________ has 60 minutes.
2. A rose is a beautiful ______________________
3.  ______________________
4. My ______________________ is Robert.
5. A is the first ______________________ of the alphabet.
6. A lion is a wild ______________________
7.  ______________________

1.
2.
3.
4.
5.
6.
7.

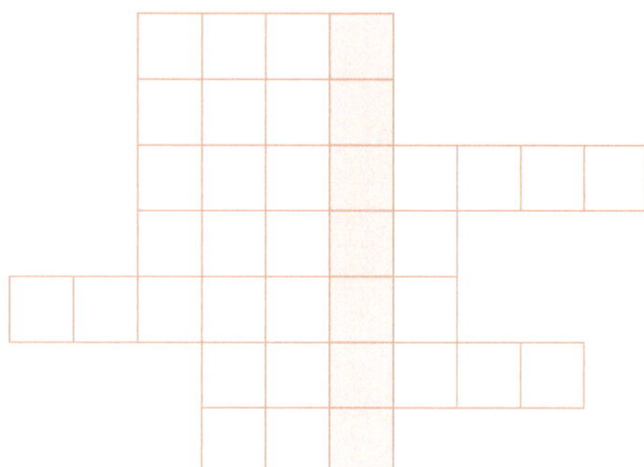

1 Der Passiv-Bausatz

a Vervollständige zunächst, wie die einzelnen Passivformen gebildet werden. Notiere dann zu allen Tempora die 1. Pers. Sg. und Pl. von clamare, timere, dicere und capere.

Präsensstamm – Tempora:

______ , ______ , ______

______	+	______	+	-(o)r, -ris, ___ , ___ , -mini, -, ___

oder ganz einfach: Ersetze die Aktivendungen durch die Passivendungen.

Perfektstamm – Tempus:

______

P ______ Perfekt Passiv	+ Präsens von ______

Wenn beim Passiv im Lateinischen der Urheber der Handlung, also der „Täter" angegeben werden soll, geschieht dies mit der Präposition ______ und dem ______ .

Man antwortet damit auf die Frage: „ ______ ?"

b Setze die folgenden Verben in die entsprechende Form des Passivs und übersetze:

occupant	______	excitabat	______
mittebamus	______	quaeretis	______
faciet	______	movisti	______
tetigistis	______	dedit	______
petam	______	reliquimus	______
laudavisti	______	timebo	______
ducebatis	______	premimus	______
persuadebis	______	coluerunt	______
irrisistis	______	capio	______

c Marcus Flavius Scrupulosus, ein Kontrolleur des Kaisers, ist zu Besuch in einem der Militärlager am Rhein. Die Situation an der Grenze zu Germanien ist sehr ruhig. Deshalb fürchten die römischen Soldaten, dass ihr Sold gekürzt oder ihre Einheit an die gefährliche Ostgrenze zu den iranischen Parthern verlegt wird, wenn der Kontrolleuer die tatsächliche Situation durchschaut. Die Soldaten laufen also Tag und Nacht Patrouille und berichten von gefährlichen Übergriffen der Germanen. Scrupulosos macht sich – beeindruckt vom harten Leben an der Grenze zu Germanien – Notizen. Vervollständige die Sätze mit dem passenden Prädikat.

1. In castris prope terras Germanorum sitis vita dura (agitur / actum est / aget).
2. Ii, qui stipendia (faciunt / facti sunt / faciebatis), cottidie timore mortis (terrebit/terrentur/terrent).
3. Iterum atque iterum Germani limite (prohibere / prohibiti sunt / prohiberi) debent.
4. Hostes postremo a militibus nostris in vincula (mittebuntur / missae sunt / mittebamini) et patria virtutibus eorum (teguntur / tegetur / tecti sumus).

2 *Infinitiv der Gleichzeitigkeit und Vorzeitigkeit*

Notiere und begründe (mündlich) das Zeitverhältnis (Gleichzeitigkeit GZ, Vorzeitigkeit VZ) sowie das Tempus im deutschen dass-Satz, übersetze dann:

1. Apparet milites Romanos magna virtute pugnavisse.
2. Filius Auli narrat multos hostes Romanorum in vincula missos esse.
3. Pater Lucii Gallos et Romanos iam diu inter se negotia agere dicit.
4. Imperatores cognoverunt Gallos sacerdotibus semper paruisse.
5. Constat adhuc magnae sapientiae esse pacem cum populis alienis facere.

GZ	VZ	dt. Tempus

Die Römer in unserem Land

1 Vor allem in den westlichen und südlichen Gebieten Deutschlands haben die Römer Spuren hinterlassen, die manchmal gut sichtbar, häufig aber auch erst auf den zweiten Blick zu erkennen sind. Suche mit Hilfe der Seiten 102, 106 (Informationstexte) und 104 des Lehrbuches, einem modernen Straßenatlas oder dem Internet die Antworten zu folgenden Aufgaben und beschrifte bzw. gestalte die Karte mit ihnen.

a Die deutschen Städtenamen Köln, Baden-Baden, Augsburg, Trier, Koblenz sind so genannte sprechende Namen. Inwiefern? Was sagen die Städtenamen bzw. ihre lateinischen Grundformen über die Orte aus?

b Eine dieser Städte war einmal sogar Kaisersitz Roms. Welche? Was ist heute das Wahrzeichen dieser Stadt?

c Leite den lateinischen Namen Castra Regina (heute Regensburg) her. Finde, z. B. mit Hilfe des Internets, heraus, welchen prominenten Gründer diese Stadt hatte.

d Leite ebenso die Bezeichnung Pons Aeni für eine römische Siedlung nördlich des heutigen Rosenheim her. Heute trägt eine österreichische Stadt diesen Namen, aber auf Deutsch. Wie heißt sie?

e Was war der Grund für die Errichtung des Limes? Zeichne den Limes in die Karte ein.

f Zeichne die wichtigsten Römerstraßen in die Karte ein.

g Erläutere die Bezeichnung Germania libera für das Gebiet jenseits des Limes.

1 Ein unverständlicher Gruß nach Hause?

Wiederhole zunächst die Vokabeln der Lektionen 17 und 18.
Hier kannst du den Gruß eines Legionärs lesen, geschrieben in der römischen *scriptio continua*. Versuche den Text zu entschlüsseln, indem du die Sätze herausschreibst (als Hilfe steht hinter jedem Satz eine auffällige Buchstabenkombination) und dabei auch einzelne Wörter trennst. Übersetze dann die Nachricht.

LIMITEMTEGEREASPERUMESTQUODMAGNAINPERICULAMISSISUMUSXYMORTEMS
EMPERMETUIMUSXYSEDCASTRATUTAMANEBUNTXYHOSTESENIMSEMPERPROHIBE
BIMUSXYVICTORESERIMUSETGALLINOSFUGIENTXYINTERDUMHOSTESCAPIMUSQU
OSINVINCULAMITTIMUSXY

2 Partner gesucht

Stelle aus den angegebenen Wörtern Paare zusammen, die ungefähr die gleiche (*Synonyme*) oder eine entgegengesetzte Bedeutung haben (*Antonyme*):

Synonyme:	Antonyme:

dare • praeesse • metuere • imperare • praebere • ducere • accedere • prohibere • adire • arcere • iubere • premere • timere • opprimere • iucundus • parere • adducere • abesse • sine • inimicus • bellum • fugere • una cum • adesse • deducere • asper • iubere • pax • amicus • petere

1 ***Der Partizip-Navigator***

Auf dem Weg von lateinischen Sätzen und Texten zu deutschen Übersetzungen musst du aufpassen, um die richtige Richtung zu finden. Das gilt besonders bei den Partizipien, die im Lateinischen sehr häufig vorkommen. Deshalb findest du hier eine Art Navigator, der dir helfen kann, auch bei solchen Konstruktionen sicher ans Ziel zu gelangen.
In der Zeichnung siehst du verschiedene Teile eines Satzes, die auf einen Wagen geladen sind, und verschiedene Pfeile. Die Pfeile zeigen dir, welche Wege zur Übersetzung vorhanden sind. Natürlich musst du bei jedem Satz den Wagen neu beladen und neue Entscheidungen treffen. Wie du dabei im Einzelnen vorgehen kannst, sagen dir die Anweisungen unter der Zeichnung.

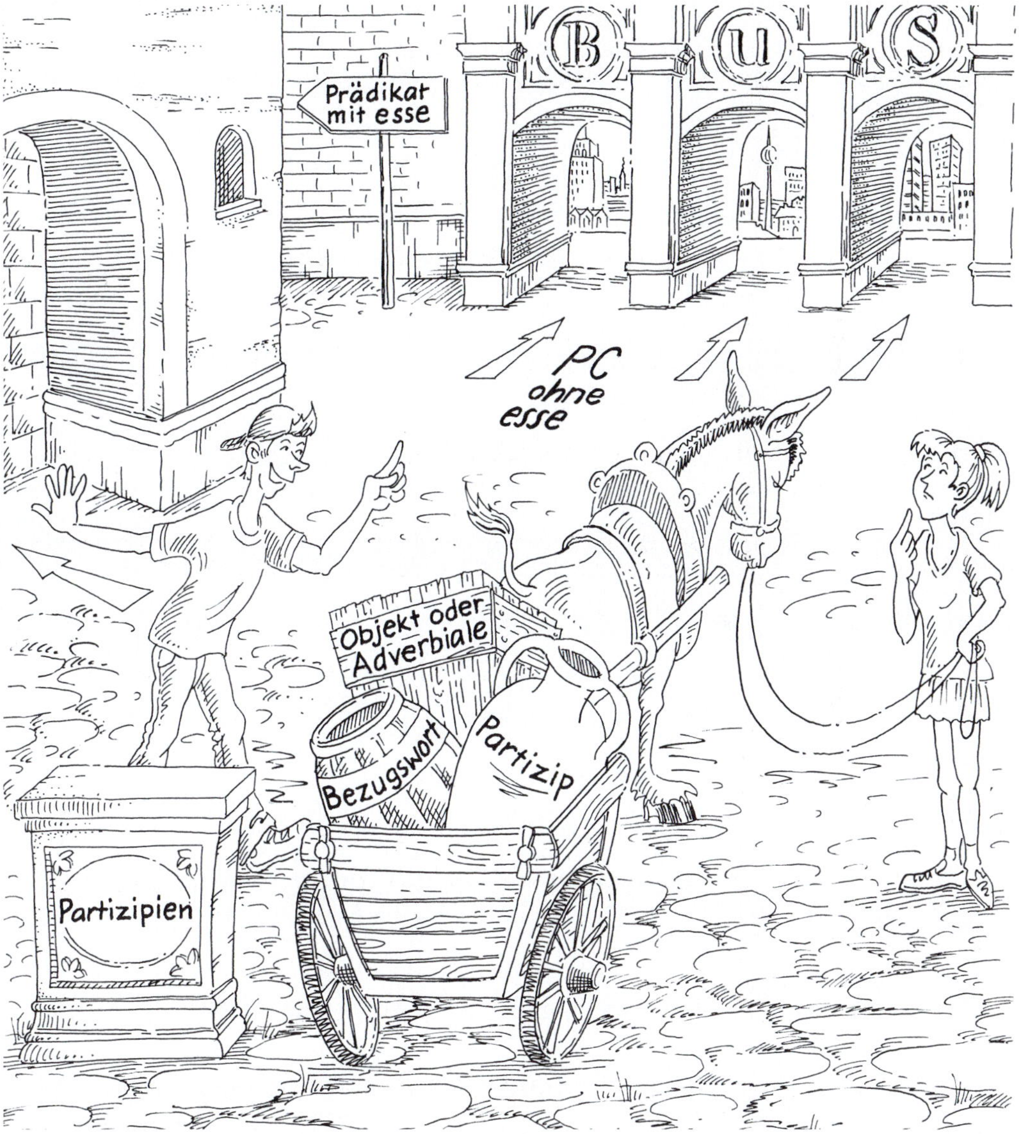

1. ⬅ Wenn das Partizip eine Form von esse bei sich hat, dann wähle den Weg zum *Prädikat* im *Perfekt* oder *Plusquamperfekt Passiv*.
2. ⬆ Wenn das Partizip ohne esse steht, dann wähle den Weg zum *PC* und suche nach dem *Bezugswort*, das in KNG-Kongruenz zum *PC* steht.
3. ⬆ Um diese beiden Wörter setze nun eine Klammer und markiere den *Wortblock*.
4. ⬆ Wenn zwischen dem *PC* und dem *Bezugswort* z. B. noch ein *Objekt* oder ein *Adverbiale* steht, dann sammle sie ein, denn sie gehören zum *Wortblock* des *PC* und *Bezugswortes*.

5. ⬆⬆⬆ Um zur Übersetzung zu gelangen, kannst du verschiedene Tore wählen: das der ***B**eiordnung* (d. h. Wiedergabe mit einem weiteren Hauptsatz), das der ***U**nterordnung* (d. h. Wiedergabe mit einem Nebensatz, dabei werden die Klammern zu Kommata) und das der ***s**ubstantivischen Wendung* (Um einen besonders sicheren Weg zu gehen, kannst du dir vorher jeweils noch die wörtliche Übersetzung vornehmen.)
6. ⓘ Vorsicht: Du musst immer beachten, dass das PPP das Zeitverhältnis der *Vorzeitigkeit* ausdrückt.

Setze den Navigator nun bei den folgenden Beispielsätzen ein. Gehe wie folgt vor:

- Markiere zunächst das *Partizip* im Satz: ein *PC* rot und ein *Prädikat* mit *PPP* grün.
- Handelt es sich um ein *PC*, ziehe vom *PC* einen Pfeil zu seinem *Bezugswort* und setze den *Wortblock* aus *PC*, *Bezugswort* sowie möglichen *Erweiterungen* in eine Klammer.
- Wähle als erste (Hilfs-)Übersetzung die *wörtliche Wiedergabe*.
- Übersetze abschließend den Satz mit einer der anderen Möglichkeiten.

1. Milites victi in patriam fugiunt.

____

______________________________.

2. Homines e periculis servati gaudebant.

____

______________________________.

3. Copiae a multis hostibus oppressae in castra se recipiunt.

____

______________________________.

4. Oppida post pugnam duram ab hostibus occupata sunt.

____

______________________________.

5. Legiones Romanorum bene armatae a Germanis victae sunt.

____

______________________________.

6. Barbari legiones timore commotas summa virtute superaverunt.

____

______________________________.

7. Augustus magnis ludis populum clade excitatum a tumultibus prohibuit.

____

______________________________.

Lektion 21–22 ◀ SO LEBTEN DIE RÖMER

Ganz Germanien ist von den Römern befreit?

1 Nein, insbesondere in der Sprache halten sich hartnäckig viele Überbleibsel der Bemühungen des P. Quinctilius Varus. Er wäre erstaunt, wenn er heute einmal in eine deutsche Stadt zurückkehrte ...
Begib dich auf die Suche nach Namen und Bezeichnungen, die ursprünglich aus dem Lateinischen kommen. Beginnen kannst du mit murus • aqua • caseus • origo • porta • vinum ... . Begründe anschließend mit Hilfe des lateinischen Wortes die Verwendung im Deutschen.

Lektion 21–22 ◀ MEIN LATEINISCHER WORTSCHATZ

1 ***Wer wird Legionär?***

Nach einer Wiederholung der Vokabeln aus den Lektionen 19 und 20 kannst du durch das Kennzeichnen der richtigen Antwort zeigen, ob auch du als Soldat in den römischen Provinzen geeignet wärest. Kreuzt du alles richtig an, erhältst du als Lösungswort eine große Belastung für die römischen Legionäre. Finde heraus, worum es sich handelt.

a Die künstlich befestigte römische Grenze zu Germanien heißt
moenia (P) • limes (S) • finis (R) • vinculum (C)

b Wie kommst du am besten nach Britannia?
navigio (AR) • asinis (EN) • equo (AL) • aeroplano (IS)

c Daran wirst du im Lager manchmal leiden
imprimis (DE) • interea (FO) • interdum (VA) • inopia (CI)

d Welches Verhalten wird bei den Germanen Beifall finden?
vectigalia imponere (ER) • mores spectare (NA) • senes irridere (AR) • iniurias facere (UL)

e Auf diese Art der Unterbringung musst du dich einstellen:
insula (E) • castra (E) • domus (O) • taberna (U)

Lösung: _ _ _ _ _ _ _ _ – deutsche Bedeutung: ____________

PC: EINE SATZWERTIGE KONSTRUKTION

Der Partizip-Navigator hat dir geholfen, bei den Partizipien den Überblick zu behalten. Du hast dir notiert, wie du die Verwendungsarten unterscheiden kannst, was zum PC gehört und dass es verschiedene Möglichkeiten gibt, das PC zu übersetzen (S. 13–14). Aber welche Möglichkeit sollst du wählen? Gibt es eine logische Schrittfolge?
Wie den AcI (Arbeitsheft Lekt. 1–16, S. 60–61) kannst du das PC als „Satz im Satz" verstehen und in einigen wichtigen Schritten ähnlich wie beim AcI vorgehen.

Die Varusschlacht: eine Niederlage für die sieggewohnten römischen Legionen

Milites Romani ab aliis populis raro victi magnam cladem acceperunt.

1. Information:	2. Information:

Römischen Soldaten sind selten von anderen Völkern besiegt worden.	Die römischen Soldaten haben eine schwere Niederlage erlitten.
Diese Information wird durch den mit dem Partizip gebildeten Wortblock mitgeteilt.	Diese Information wird durch die Prädikatsgruppe des Satzes mitgeteilt.

Diese beiden Informationen, die das PC („Satz im Satz") und der „Rest" des Satzes vermitteln, stehen nebeneinander. In welchem logischen Verhältnis sie zueinander stehen, ist nicht ausgedrückt. Darüber musst du dir selbst klar werden. Im obigen Beispielsatz wird deutlich, dass beide Aussagen in einem starken *Gegensatz* stehen: Es ist ein *konzessives Verhältnis*, das du durch entsprechende Konnektoren ausdrücken kannst. Jetzt kannst du nach dem *BUS-Konzept* übersetzen. Beachte dabei: Wenn du im Deutschen zwei Sätze bildest, muss das Bezugswort des Partizips (hier: milites) in einem der beiden Sätze durch ein Pronomen wieder aufgenommen werden:

1. Die römischen Soldaten waren selten von anderen Völkern besiegt worden und erlitten *dennoch* eine schwere Niederlage.
2. *Obwohl* die römischen Soldaten selten von anderen Völkern besiegt worden waren, erlitten sie *dennoch* eine schwere Niederlage.
3. *Trotz* eines seltenen Sieges anderer Völker ... Hmm, die Substantivierung ist bei diesem Satz wohl nicht möglich!

Außerdem kannst du den Satz wörtlich übersetzen:

4. Die römischen Soldaten, selten von anderen Völkern besiegt, erlitten eine schwere Niederlage.

Welche dieser vier Möglichkeiten solltest du auswählen?

Die *wörtliche Übersetzung* ist eine gute Ausgangsbasis. Sie verdeutlicht die zwei Informationen und ermöglicht dir, ihr logisches Verhältnis zueinander zu bestimmen.
Die Substantivierung gelingt nicht immer. Sie ist dann gut möglich, wenn sich das Partizip substantivieren lässt und der Wortblock mit dem PC nicht zu lang ist.
Tipp: Die *Unterordnung* (*subjunktionaler Nebensatz*) gelingt immer.

Welche Gemeinsamkeiten bestehen zwischen dem AcI und dem PC?

- Beide sind *satzwertige Konstruktionen*.
- Bei beiden Konstruktionen gibt es in der Regel eine *Klammerstellung*:

AcI:	(Subjekts-) Akkusativ –	ggf. „Erweiterung“-	(Prädikats-)Infinitiv
PC:	Nomen in KNG-Kongruenz –	ggf. „Erweiterung“-	Partizip

- Wie der Infinitiv beim AcI bezeichnet das Partizip kein Tempus, sondern das *Zeitverhältnis* zum *übergeordneten Prädikat*. Wie beim AcI gibt es eine Tabelle für das Tempus im deutschen Nebensatz (Texte und Übungen S. 130).

Mögliche Schrittfolge bei der Übersetzung eines PC

1. Markiere Partizip und Nomen in KNG-Kongruenz und verbinde beide mit einer Klammer.
2. Übersetze den Satz wörtlich.
3. Bestimme das logische Verhältnis zwischen den beiden Informationen.
4. Übersetze das PC als subjunktionalen Nebensatz, der das logische Verhältnis ausdrückt. Berücksichtige bei der Wahl des Tempus die Tabelle.

Wende diese vier Schritte bei der Übersetzung des folgenden Satzes an:

Germani militibus Romanis bene armatis insidias paraverunt.

Schritt 2: ______________________

____

Schritt 3: ______________________

____

Schritt 4: ______________________

____

1 **Grammatik**

Lies dir die Methodenseiten zum PC (S. 16/17) durch. Welche zwei Sätze kannst du jeweils aus den folgenden Sätzen, die ein PC enthalten, machen? Welches Adverb könnte beide verbinden?
Beispiel: Europa a Iove amata e patria portata est.
▸ Europa a Iove amata est. (Itaque) Europa ab eo e patria portata est.

1. Europa a tauro pulchro valde delectata ei flores praebuit.
2. Io a Iove in vaccam[1] mutata misera erat.
3. Io a Iunone multas per terras agitata animum deae multis cum lacrimis commovit.

1 vacca, -ae f. *Kuh*

6 Sätze richtig	5–4 Sätze richtig	weniger als 4 Sätze richtig
Du hast keine Probleme.	Du solltest den Gebrauch des PC wiederholen.	Du musst nochmals den Gebrauch des PC sorgfältig lernen.

2 **Wortschatz**

Ordne zu:

Abwehren und Angreifen	Fühlen und Gefühle	Sprechen und mehr	Schiff und Meer

arcere • metuere • iubere • petere • amare • gaudere • respondere • prohibere • timere • laudare • dicere • mare • laetus • clamare • navigare • litus • oppugnare • timor • contentus • monere • opprimere • navis • depellere

20–23 Angaben richtig	17–19 Angaben richtig	46 und weniger Punkte
Du hast die Vokabeln im Griff.	Du solltest die Vokabeln wiederholen.	Dein Wortschatz ist zu lückenhaft; wiederhole die Vokabeln an sorgfältig festgelegten Terminen.

3 **Kulturgeschichte**

Antworte mit Hilfe der Vorgaben:

1. Quomodo Romani provincias contra Germanos Britannosque tegebant?
2. Quid Echo nympha postremo fuit?
3. Cui custodi Io puella traditur?
4. Quando Romani ab Arminio Cheruscorum principe victi sunt?
5. Ubi Europa de tauro[1] descendere potuit?
6. Quis cladem gravem in Germania accepit?

1 taurus, -i m. *Stier*

(A) ANNO POST CHRISTUM NATUM NONO – (B) LIMITE ET VALLO HADRIANI – (C) CRETA IN INSULA – (D) SONUS – (E) P. QUINCTILIUS VARUS – (F) ARGO

6 Angaben richtig	5 Angaben richtig	weniger als 5 richtig
Du hast keine Probleme.	Du solltest die Informationstexte der Lektionen 17–22 noch aufmerksamer lesen.	Du musst nochmals die Informationstexte der Lektionen 17–22 durcharbeiten.

2 Lernort 2

Lektion 23–24 ◀ **MEINE GRAMMATIK**

1 ***Auch ein Adjektiv, aber anders!***

Aber man muss gar nicht so viel lernen (wenn man geschickt lernt).
Denn viele Endungen sind dir lange vertraut:

	Maskulinum	Femininum	Neutrum	Vergleich (ergänze)
Sing.				
Nom.	fortis	fortis	forte	consul
Gen.				consul is
Dat.				consul
Akk.				consul
Abl.				consul
Plural				
Nom.				consul
Gen.				consul
Dat.				consul
Akk.				consul
Abl.				consul

Was ist neu? Notiere die von consul abweichenden Endungen:

1) ____________ 2) ____________ 3) ____________

Merke dir nur die von consul abweichenden Endungen!

Manche dieser Adjektive bilden im Nominativ Singular für die drei Genera keine unterschiedlichen Formen, z. B.: m.: ingens; f.: ingens; n.: ingens. Aber ab dem Genitiv Singular bilden auch diese Adjektive ihre Formen wie fortis. Fertige eine eigene Tabelle für ingens an.

Später lernst du auch Adjektive kennen, die haben im Nominativ Singular drei unterschiedliche Formen: m.: acer; f.: acris; n.: acre. Aber ab dem Genitiv Singular bilden auch diese Adjektive ihre Formen wie fortis. Du könntest also sogar schon von acer eine Tabelle anfertigen.

2 *Auch ein Partizip!*

Auch das Partizip der Gleichzeitigkeit (Präsens Aktiv) bildet seine Endungen ganz ähnlich wie consul:

	Maskulinum	Femininum	Neutrum	Vergleich
Sing.				
Nom.	clamans	clamans	clamans	consul
Gen.	clamant	clamant	clamant	consul
Dat.				consul
Akk.				consul
Abl.				consul
Plural				
Nom.				consul
Gen.				consul
Dat.				consul
Akk.				consul
Abl.				consul

Was ist neu? Notiere die von consul abweichenden Endungen:

1) ____________ 2) ____________

Merke dir nur die von consul abweichenden Endungen!

3 *Beliebt bei den Römern!*

Außer dem *Partizip der Vorzeitigkeit* verwendeten die Römer auch das *Partizip der Gleichzeitigkeit*. Es wird genauso benutzt, um ganz knapp in einem Satz eine weitere Aussage unterzubringen („Satz im Satz").

Das ergibt bei der Übersetzung meist ______________________________).

Bei der Übersetzung und der Wahl der jeweiligen Sinnrichtung muss man sich

orientieren an: ______________________________

Probiere verschiedene *Übersetzungsmöglichkeiten* und unterschiedliche *Sinnrichtungen* bei der Übersetzung aus (Nicht immer ist jede Möglichkeit sinnvoll):

1. Nero cum matre disputans matrem interficere decrevit.
2. Nonnulli homines Neronem non ignorantes eum contemnere coeperunt.
3. Nemo Agrippinam filium amantem servare potuit.
4. Nero matrem de vita non timentem interficere iussit.
5. Nero Agrippinam nave navigantem perisse putabat.

Manchmal ganz schön eigenwillig!

1 **a** Seit Augustus hatte sich in Rom vieles geändert. Nicht mehr der Senat bestimmte die Richtlinien der Politik, sondern eine Person, der Kaiser, bestimmte alles. Einige Kaiser waren sehr eigenwillig und hatten merkwürdige Ideen: (Hilfe findest du in Texte und Übungen auf Seite 118, Seite 120 und Seite 124)

1. Wer wollte nicht Kaiser werden und versteckte sich hinter einem Vorhang?

   ____

2. Wer vergiftete einen Kaiser, damit der Sohn Kaiser werden konnte?

   ____

3. Wer war der Bruder des Kaisers Claudius? ______________________________

4. Welcher Kaiser ließ seine Frau Octavia ermorden, um eine Freundin heiraten

   zu können? ______________________________

5. Welcher Philosoph versuchte sich (erfolglos) als Erzieher eines jungen Kaisers?

   ____

6. Wen adoptierte Caesar? ______________________________

7. Welcher Kaiser trat bei musischen Wettbewerben auf? ______________________________

b Stelle eine Liste der ersten Kaiser Roms zusammen, der Kaiser der julisch-claudischen Familie:

c Hier findest du eine Liste bedeutender Frauen; ordne sie dem jeweiligen Kaiser zu, mit dem sie in Beziehung standen.

d Kläre, in welcher Beziehung die Personen jeweils zueinander standen.

1. C. Iulius Caesar (100 v. Chr. – 44 v. Chr.)		
2. 27 v. Chr. – 14 n. Chr.:	______________	Agrippina Minor
3. 14 n. Chr. – 37 n. Chr.:	______________	Octavia
4. 37 n. Chr. – 41 n. Chr.:	______________	Livia
5. 41 n. Chr. – 54 n. Chr.:	______________	Cleopatra
6. 54 n. Chr. – 68 n. Chr.:	______________	Agrippina Maior

Wiederhole die Vokabeln der Lektionen 21 und 22: alle Bedeutungen und Genitiv/Genus, Stammformen, etc. (Siehe Übersetzungstraining 1, Seite 38/39 in Texte und Übungen)

1 ***Einer passt nicht!***

Notiere die Bedeutungen: Welches Wort passt inhaltlich oder grammatikalisch nicht zu den anderen?

a imprimis ______ mox ______

primum ______ quia ______

b natio ______ tempestas ______

grex ______ gens ______

c appetere ______ inducere ______

augere ______ committere ______

d dignus ______ tantus ______

verus ______ numerus ______

2 ***Varus – Arminius?***

Sortiere die Wortverbindungen, die nur zu Arminius passen, aus und übersetze alle:

proelium committere • patriam liberare • regnum appetere • copias educere • ducem fallere • cladem accipere • Romanos petere

passt zu Varus

______ – Ü: ______

______ – Ü: ______

______ – Ü: ______

passt nur zu Arminius

______ – Ü: ______

______ – Ü: ______

______ – Ü: ______

______ – Ü: ______

1 **a** Einige sehr häufige Wörter gehören neuen Deklinationen an, der e- und der u-Deklination. Ergänze die folgende Formentabelle:

	e-Deklination		u-Deklination	
	Singular	Plural	Singular	Plural
Nom.	res		exercit us	
Gen.				
Dat.				
Akk.				
Abl.				

Beachte: Beim Vokabellernen musst du bei diesen Substantiven besonders sorgfältig auch den Genitiv lernen, sonst kannst du diese Deklinationen nicht erkennen.

b Dekliniere res publica und exercitus Romanus.

2 ***e- und u-Deklination: Formen***

a Stelle die wichtigen Wörter der neuen Deklinationen mit ihren Bedeutungen zusammen (Führe die Liste für die folgenden Lektionen fort; sie ist eine große Hilfe!)

e-Deklination	u-Deklination
res – ______	exercitus – ______
fides – ______	metus – ______
species – ______	adventus – ______
spes – ______	fructus – ______
facies – ______	manus – ______
dies – ______	

b Und dann gibt es noch domus: Stelle die Formen zusammen:

Singular:	
Plural:	

Die Formen des Konjunktivs Imperfekt ...

3 **a** ... sind besonders leicht zu erkennen und leicht zu erlernen. Ergänze richtig:

	clamare	habere	agere	capere	esse	ire	posse
1. Sg.	clama re-	habe re-	age re-	cape re-	esse-	i re-	posse-
2. Sg.							
3. Sg.							
1. Pl.							
2. Pl.							
3. Pl.							

b Auch im Passiv werden die Formen nach diesem Prinzip gebildet.
Lege dir eine Tabelle an. Achtung! Nicht jedes Verb bildet ein Passiv!

4 ***Nachgedacht!***

Kleopatra denkt über ihre politische Zukunft nach. *Caesars Frau* denkt über Kleopatras Beziehung zu ihrem Mann nach. Überlege, welche Gedanken zu welcher Frau gehören. Übersetze.

1. Utinam regnum repeterem!
2. Utinam ne haec femina hic esset!
3. Si possem, fratrem statim necarem.
4. Utinam ad Caesarem accederem!
5. Nisi Caesar regnum mihi daret, frater regnum teneret.
6. Utinam Caesar hanc feminam relinqueret!
7. Si Caesar me amaret, semper sine curis vivere possem.

Die Frauen verwenden *Wunschsätze* und irreale *Bedingungssätze*.
Man kann sie leicht auseinanderhalten. Zähle die Merkmale auf:

Bedingungssätze	Wunschsätze

Noch lebendig!

1 **a** Manche lateinischen Wörter leben seit Jahrhunderten in unserer Sprache, andere wurden vor kurzem als Fremdwörter übernommen. Suche in der folgenden Liste jeweils das lateinische Wort, das dem *Fremdwort* zugrunde liegt (Achtung! Manchmal gehört das lateinische *Grundwort* zu einer ganz anderen Wortart)

b Gib eine kurze Erklärung für das Fremdwort

Fremdwort	Bedeutungserklärung	lateinisches Wort	Übersetzung
okkult	verborgen, heimlich	occultus, -a, -um	heimlich, geheim
Advent			
diffizil			
fraternisieren			
Nobilität			
Negation			
zivil			
singulär			
Nation			
korrumpieren			
legal			

c Man kann dann auch falsche Ableitungen leicht erkennen:

Reklame kommt gar nicht von res, sondern ______

animalisch kommt gar nicht von animus, sondern ______

frustriert kommt gar nicht von frumentum, sondern ______

d Die Werbung setzt gern lateinische Wörter ein. Zähle einige aktuelle Beispiele auf.

1 *Immer nur -i*

Wiederhole zunächst die Vokabeln der Lektionen 23 und 24. Bestimme dann folgende Formen und gib jeweils die Bedeutung (der Grundform) an:

Bestimmung		Bedeutungen
______ urb-	-i	______
______ ingent-	-i	______
______ ingeni-	-i	______
______ uxor-	-i	______
______ temptar-	-i	______
______ salv-	-i	______
______ provident-	-i	______

2 *Immer wieder -us!*

Bestimme die folgenden Formen (alle Möglichkeiten), gib Grundform und Bedeutungen an:

	Bestimmungsmöglichkeiten	Grundform	Bedeutungen
genus			
occisus			
scelus			
sublatus			

3 *Oft lange gesucht!*

Wo findet man im Vokabelverzeichnis:

	Grundform	Bedeutungen
coeperunt		
sustulerunt		
vetere		
sublatus		

1

Das Gerundium, eine -nd-Form

Wie das Englische und Deutsche kann das Lateinische aus einem *Verb* ein *Substantiv* bilden. Die Buchstaben -nd- signalisieren im Lateinischen diese Veränderung. Dieses neue Wort wird dekliniert – allerdings nur im Singular. Ergänze die fehlenden Formen in der Tabelle:

Nom.	clamare	habere	agere	capere
Gen.	clama nd i	habe nd	ag e nd	cap i e nd
(Dat.	clamand o			)*
Akk.	ad clamand um			
Abl.	clamand o			

(*Der Dativ ist sehr selten und kommt daher im Text nicht vor.)

2

Übersetzung

Gerundium	
Aurelianus ad pugnandum paratus erat.	Aurelian war bereit zum Kämpfen / zu kämpfen.
Lateinisch	Deutsch

Man übersetzt das Gerundium durch ______________________

oder ______________________

Übersetze entsprechend:

1. Aurelianus causam postulandi iustam non habuit. ______________________

____

2. Sed Zenobia ad agendum cum Aureliano parata non fuit. ______________________

____

3. Aureliano multa ad oppugnandum usui erant. ______________________

____

4. Zenobia fugiendo se non servavit. ______________________

____

5. Aurelianus consentiendi causa litteras ad Zenobiam misit. ______________________

____

2 *Eine neue Konjugation*

Bei der i-Konjugation gehört der Vokal i noch zum Stamm. Ergänze die fehlenden Formen:

	Aktiv		Passiv	
	Indikativ	Konjunktiv	Indikativ	Konjunktiv
Präsens				
1.Sg.	audi-__o		audi-__or	
2.Sg.	audi-		audi-	
3.Sg.	audi-		audi-	
1.Pl.	audi-		audi-	
2.Pl.	audi-		audi-	
3.Pl.	audi-u		audi-u	
Imperfekt				
1.Sg.	audi-eba-__m	audi re-__m	audi-eba-__m	audi re-
2.Sg.	audi-eba-	audi re-	audi-eba-	audi re-
3.Sg.	audi-eba-	audi re-	audi-eba-	audi re-
1.Pl.	audi-eba-	audi re-	audi-eba-	audi re-
2.Pl.	audi-eba-	audi re-	audi-eba-	audi re-
3.Pl.	audi-eba-	audi re-	audi-eba-	audi re-
Futur				
1.Sg.	audi-a-__m		audi-a-__m	
2.Sg.	audi-e-		audi-e-	
3.Sg.	audi-e-		audi-e-	
1.Pl.	audi-e-		audi-e-	
2.Pl.	audi-e-		audi-e-	
3.Pl.	audi-e-		audi-e-	
Perfekt				
1.Sg.	audiv- i usw.		auditus, -a, -um sum usw.	

Die Formen des Perfektstammes werden in der üblichen Weise gebildet. Infinitive, Partizipien und Imperative kannst du leicht erkennen.

1 *Alles u-Deklination?*

a Wiederhole zunächst die Vokabeln der Lektionen 25 und 26. Kläre dann die in der Überschrift gestellte Frage: Gib jeweils Genitiv, Genus und Bedeutungen an.

b Markiere dann die Wörter der u-Deklination:

	Genitiv, Genus	Bedeutungen
adventus		
metus		
occultus		
fructus		
manus		
exercitus		

2 *Immer wieder -es!*

Aber nicht jedes Wort gehört zur e-Deklination. Suche die Wörter der e-Deklination aus der Wortreihe heraus. Dann hast du eine vollständige Sammlung; wiederhole alle anderen Wörter.

res • fides • dives • species • facies • partes • dies • spes • clades • fines • pes • hospes • fames • maiores • miles

e-Deklination: ______________________________

3 *Diese Adjektive!*

Nicht immer ist schon im *Nominativ Singular maskulinum* klar, wie die anderen Formen gebildet werden. Auch hier lohnt es sich, genau zu lernen. Gib die anderen Genera und die Bedeutung an. (Auch die Bildung der weiteren Formen solltest du wiederholen.)

	Nominativ Singular fem. und neutrum	Bedeutungen
difficilis		
acer		
dexter		
dives		
pulcher		

Der folgende Test soll dir wieder zeigen, wie erfolgreich du in den Lektionen 1–27 gearbeitet hast.
Du kannst die Auswertung selbst vornehmen und dann versuchen, deine Lücken zu schließen.
Grundlage für den Test ist die Geschichte von der Königin Boudicca in claro 3.

1 *Wortschatz*

Es ist wichtig, alle Bedeutungen der Vokabeln zu lernen. Nur dann ist auch die passende dabei. Übersetze die Minisätze. Bei den unterstrichenen Wörtern musst du besonders auf die Wahl der Bedeutung achten. (Manchmal muss man bei der Wahl der passenden Bedeutung sogar über die im Wortschatz angegebenen Bedeutungen hinausgehen.) (jeweils 3 Punkte)

Iceni et Romani <u>cum</u> pace vivebant. (Z. 1/2)

____

Iceni a Romanis non iam <u>pro</u> sociis habebantur. (Z. 3)

____

Romani <u>etiam</u> templum in <u>finibus</u> Icenorum aedificant. (Z. 12–14)

____

Nunc <u>opus</u> est Romanos arceri. (Z. 14)

____

<u>Primum</u> Britanni Camulodunum <u>petunt</u>. (Z. 19)

____

<u>Copiae</u> Britannorum paratae sunt. (Z. 25)

____

18/17 Punkte	16–14 Punkte	13 Punkte und weniger
Du hast die Vokabeln gut gelernt und kannst damit auch umgehen.	Du musst deinen Wortschatz noch besser wiederholen, trainiere das Übersetzen.	Dein Wortschatz ist zu lückenhaft. Wiederhole regelmäßig, übe das Übersetzen.

2 *Grammatik*

a Suche alle Partizipien aus dem Text heraus, die als *PC* verwendet sind; bestimme das Partizip, gib die *Grundform* und das jeweilige *Bezugswort* an. (jeweils 1 Punkt)

Zeile	Partizip	Bestimmung	Grundform	Bezugswort
(10)	commota	Nom. Sg. f. PPP	commovere	regina

Zeile	Partizip	Bestimmung	Grundform	Bezugswort

b Suche alle Infinitive heraus, bestimme sie und gib die Bedeutung an. (jeweils 1 Punkt)

Zeile	Infinitiv	Bestimmung	Bedeutungen (alle)
(8/9)	violatas esse	Inf. Perf. Pass. (Akk. Pl. f.)	verletzen, verwüsten
(14)			
(18)			
(23)			
(29)			
(30)			

c Oft sind die Endungen von lateinischen Wörtern nicht eindeutig bestimmbar. Durch den Text wird aber meist eine Bestimmung eindeutig festgelegt (z.B. durch Kongruenzen, Präpositionen). Bestimme genau folgende zunächst nicht eindeutige Wörter und gib den Grund an, warum die Bestimmung hier im Text doch eindeutig ist. (jeweils 1 Punkt)

Wort	Bestimmung	Begründung für die Eindeutigkeit der Form
(Z. 7) mortui	Gen. Sg. m.	Kongruenz mit regis
(Z. 6) agri		
(Z. 13) Claudio		
(Z. 13) nostris		
(Z. 19) milites		
(Z. 22) quartae		
(Z. 27) mulieres		

d Die Römer können in den Verbformen sehr viele Informationen unterbringen (z. B.: Person, Zeit, Genus verbi). Übersetze die Minisätze, bestimme die Verbformen und gib die Informationen an, die in der Verbform enthalten sind. (jeweils 1 Punkt)

1. Boudicca verberata est (Z. 7/8). Boudicca ist geschlagen worden.
   verberata est – 3. Pers. Sg. Ind. Perf. Pass.; Handlung in der Vergangenheit

2. Quando Romani vastandi finem facient? (11/12) Ü.: ______________________

   facient- ______________________

3. Si Romani vincerent, etiam mulieres violarentur. (27/28) Ü.: ______

vincerent/violarentur- ______

4. Si copiam armatorum consideratis, apertum est nos pugnare debere. (28/30) Ü.:

______

consideratis/ apertum est- ______

5. Aut vincemus aut interficiemur. (30) Ü.: ______

vincemus/interficiemur- ______

63–58 Punkte	57–52 Punkte	51 Punkte und weniger
Du hast mit der gelernten Grammatik keine Probleme, großartig.	Du solltest die wichtigsten Grammatikthemen nochmals genau wiederholen.	Wiederhole gründlich, besonders die Themen AcI und Partizip solltest du üben.

3 ***Textverständnis***

Richtig oder falsch? Entscheide anhand der Geschichte von der Königin Boudicca.

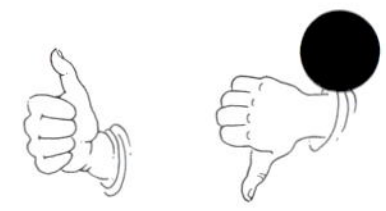

1. Primo Iceni et Romani socii erant.
2. Iceni domum regiam spoliaverunt.
3. Romani filias Boudiccae violaverunt.
4. Romani aliarum gentium odio ardebant.
5. Primum Britanni coloniam petunt.
6. Milites Romani totam coloniam delent.
7. Catus procurator[1] locum ad pugnandum idoneum quaesivit.
8. Diu copiae ad pugnandum paratae non erant.
9. Boudicca Britannos ad pugnam incitavit.
10. Britanni proelio victi sunt.
11. Boudicca vino vitae finem fecit.

	recte	false
1.		
2.		
3.		
4.		
5.		
6.		
7.		
8.		
9.		
10.		
11.		

1 procurator, -oris m. *kaiserlicher Verwalter*

11–9 Angaben richtig	8–7 Angaben richtig	weniger als 7 Angaben richtig
Du hast die Geschichte verstanden, du hast keine Probleme.	Du solltest die Erschließungsmethoden eines Textes wiederholen.	Du musst nochmals die Texterschließungsmethoden trainieren; benutze dazu die Seiten 30/31 im Arbeitsheft zu Lekt. 1–16.

3 Lernort 3

Lektion 28–29 ◀ MEINE GRAMMATIK

1 **Der Ablativus absolutus: Übersetzung**

Gib den folgenden Satz auf drei verschiedene Weisen wieder:

Vestibus positis mercatores in thermis animos relaxabant[1].

1 animum relaxare *sich entspannen*

a Beiordnung: ______________________________

____

b Unterordnung: ______________________________

____

c Substantivierung: ______________________________

____

2 **Merksätze zum Ablativus absolutus**

Formuliere einige Merksätze zum Ablativus absolutus. Verwende dabei alle Textbausteine:

satzwertige Konstruktion • Partizip und kongruentes Nomen • PPA bezeichnet die Gleichzeitigkeit • ausschließlich im Ablativ • PPP bezeichnet die Vorzeitigkeit • eventuelle Erweiterungen • Adverbiale • kommt häufig vor

____

____

____

____

____

____

____

____

____

____

3 ***Pronominaladjektive***

a Ergänze folgenden Text richtig: Einige Adjektive der ________-Deklination enden im ________ und ________ wie die Pronomen auf ____ und ____ . Diese beiden Endungen gelten für ____ Genera. Die anderen Formen sind ________ .

b Dekliniere im Singular:

Nom.	totus exercitus	vestis altera	litus solum
Gen.	tot exercit	vest alter	lit sol
Dat.	tot exercit	vest alter	lit sol
Akk.	tot exercit	vest alter	lit sol
Abl.	tot exercit	vest alter	lit sol

4 ***Verkürzter/ nominaler Ablativus absolutus***

Der verkürzte/nominale Ablativus absolutus ist eine Sonderform des ________ Statt eines ________ im ________ steht ein ________ im ________ . Diese Wortverbindung kann man im Deutschen mit einem ________ wiedergeben.

Ergänze mit einem passenden Nomen deiner Wahl und übersetze:

Aenea duce — unter der Führung von Aeneas

________ invita ________

________ rege ________

________ mortuo ________

________ auctore ________

5 ***is und idem- (fast) dasselbe***

Wenn du die Formen von is, ea, id kennst, kennst du auch die Formen von idem, eadem, idem: An die Formen von is, ea, id wird ein -dem angehängt. Du musst dir nur eins merken: Endet die Form von is, ea, id auf -m, wird es bei idem, eadem, idem zu -n-. Beispiel: eum – eu*n*dem.

Ergänze die entsprechende Form von idem, eadem, idem in KNG-Kongruenz:

colorem (idem, eadem, idem) – colorem eundem

arti (idem, eadem, idem) – ________

vultu (idem, eadem, idem) – ________

medicorum (idem, eadem, idem) – ________

moram (idem, eadem, idem) – ________

Titus geht baden

1 Puuh, war das ein Tag! Die Hitze und die Hektik im Kontor des reichen Kaufmannes Flavius hatten Titus mitgenommen. Jetzt, zur 8. Stunde, hatte Titus nur noch einen Wunsch: Ab in die Thermen! In den Thermen, die Titus meist besuchte, weil sie seiner Wohnung auf dem Aventin am nächsten lagen, konnten gleichzeitig 1600 Menschen baden. Das Gedränge war dennoch enorm, denn der Eintritt war billig. Titus betrat das weitläufige, parkähnlich gestaltete Gelände. Welchen der 4 Eingänge zu den spiegelbildlich angelegten Baderäumen sollte er nehmen? Egal! Zuerst ging er ins Apodyterium, den Umkleideraum, und zog sich aus. Ob er seine Kleidung wohl wiederfinden würde? Die Diebstähle nahmen in letzter Zeit wieder überhand ... Heute keinen Sport, dafür war es wirklich zu heiß. Ins Schwitzbad wollte er deshalb auch nicht; er ging gleich ins Caldarium. Titus lag entspannt in einer heißen Badewanne, bis es ihm zu warm wurde. Achtung! Der Boden war heiß und rutschig von vergossenem Badeöl und Schweiß, deshalb ging er vorsichtig auf seinen hölzernen Badelatschen ins Tepidarium. Hier war es wesentlich kühler, und Titus spülte sich den Schweiß ab, bevor er mit einem eleganten Sprung ins Schwimmbecken tauchte. Seine Kleidungsstücke waren auch noch da, als er wieder im Apodyterium angelangt war. Bevor er ging, wollte er noch in die Bibliothek in der Exedra: Er musste in einem geografischen Fachbuch unbedingt den Wahrheitsgehalt der Geschichte überprüfen, die der britannische Kaufmann ihm heute erzählt hatte!

1. In welche Thermen ging Titus? Benutze die Karte von Rom auf dem hinteren Umschlagdeckel deines Lateinbuches.
2. Verfolge auf untenstehender Karte Titus' Weg durch die Thermen: Markiere seinen Weg mit einem Bleistift. Zusätzlich kannst du dich an dem Plan im Lateinbuch S. 144 orientieren.
3. Vergleiche die antiken Thermen mit den Schwimmbädern heute: Welche Gemeinsamkeiten, welche Unterschiede kannst du feststellen? Lege dir eine Tabelle an.

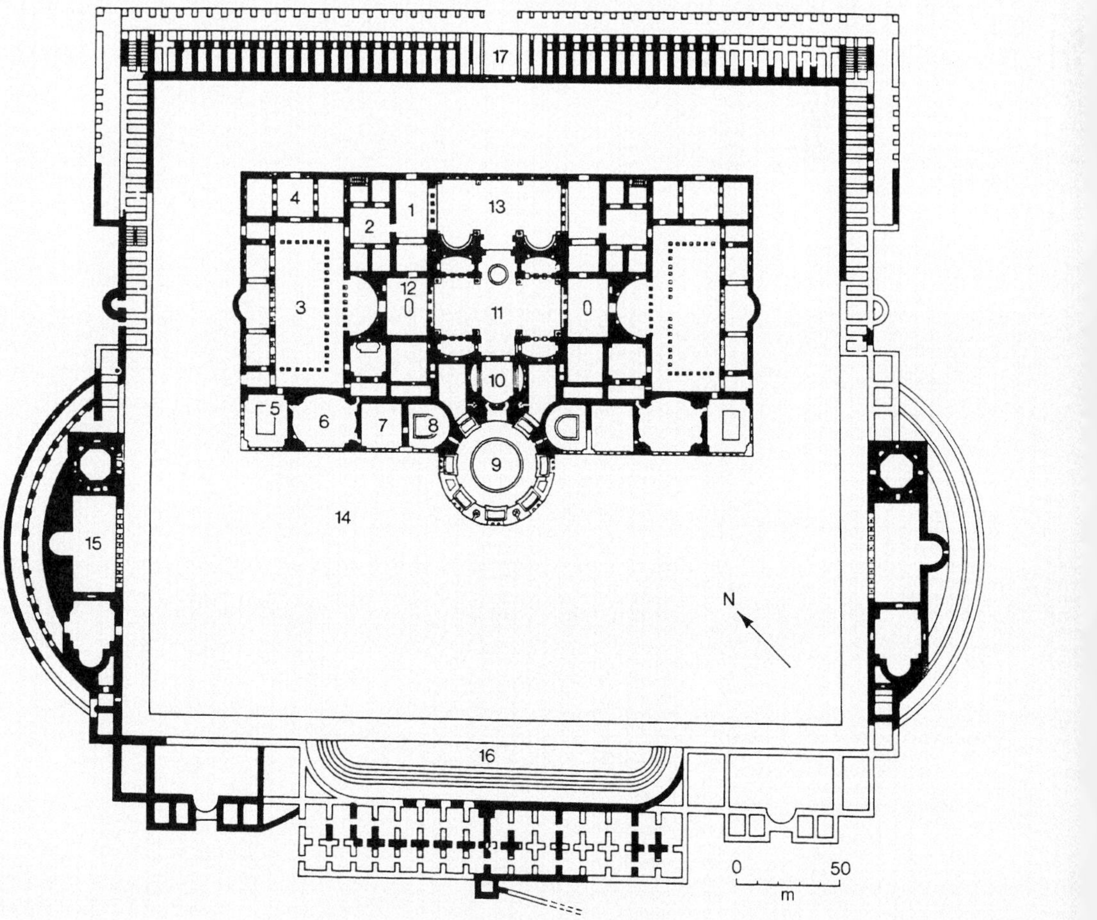

1 heutiger Eingang
2 Umkleideräume
3 Sportplätze (Palaistra)
4 Eingang und Personalräume
5 Übungsraum
6–8 Massage- und Schwitzräume
9 Warmbad (Caldarium)
10 Lauwarmbad (Tepidarium)
11 Kaltbad (Frigidarium)
12 Wanne
13 Schwimmbecken (Natatio)
14 Park
15 Exedra
16 Tribünen; darunter Zisternen
17 Läden und Kammern für Personal

(nach F. Coarelli: *Das antike Rom*. Köln: Du Mont [7]1987)

1 *Sachfelder und mehr ...*

a Bilde aus den folgenden Wörtern (Vokabeln der Lektionen 28 und 29) zwei *Sachfelder*. Übrigens passen zwei Wörter nicht zu diesen Sachfeldern; finde auch für sie einen Oberbegriff.

aeger • aegrotus - consistere • convenire • discedere • dolor • medicina • medicus • multitudo • pervenire • tot • valetudo • vulnus

Bewegung

Medizin

b Achtung, blinder Passagier! Identifiziere ihn und begründe deine Entscheidung.

aetati • auctori • dolori • toti

posui • rapui • vultui • discessi

inveni • poposci • defendi • legi

discedo • audeo • lego • medico

1 *Plusquamperfekt, das „Mehr-als-vollendet"-Tempus*

a Streiche nicht zutreffende Wörter durch: Das Plusquamperfekt bezeichnet Handlungen und Ereignisse, die vor / nach / bei einem Vorgang in der Zukunft/Vergangenheit/Gegenwart abgelaufen sind / angefangen haben / abgeschlossen wurden.

Die Formen dieser Zeit werden wie folgt gebildet:

Indikativ und Konjunktiv Aktiv

______	+	______	+	Personalendung: SG: PL:

Indikativ und Konjunktiv Passiv

P ______ Perfekt P ______	+	Indikativ: Konjunktiv:

b Bilde zu folgenden Verben jeweils die 1. Pers. Sg. und 3. Pers. Pl. Indikativ und Konjunktiv Plusquamperfekt Aktiv:

1. clamare: ______
2. habere: ______
3. agere: ______
4. esse: ______
5. manere: ______
6. dare: ______
7. venire: ______

c Bestimme folgende Formen vollständig:

1. vocaveratis: ______
2. ereptae erant: ______
3. misissem: ______
4. potuisset: ______
5. ductus esses: ______
6. victi essemus: ______
7. petiveram: ______
8. legissetis: ______

2 *Der Konjunktiv im Gebrauch*

a Wie du zwischen Wunschsätzen im Konjunktiv Imperfekt und Plusquamperfekt und irrealen (Bedingungs-)Sätzen unterscheiden kannst, hast du bereits in Lektion 26 gelernt:

1. Die mit ______________________ eingeleiteten Sätze drücken einen ______________________ gedachten Wunsch aus.
2. Irreale Bedingungssätze werden mit der Subjunktion ______________________ eingeleitet und stellen eine Aussage von vornherein als ______________________ hin.

Mittlerweile weißt du aber auch, dass in beiden Satzarten noch zusätzlich verschiedene Zeitstufen ausgedrückt sind:

- Der Konjunktiv ______________________ bezeichnet die Gegenwart.
- Der Konjunktiv ______________________ bezeichnet die Vergangenheit.

b Die folgenden Sätze sind Wünsche und Gedanken Ciceros nach der Verschwörung Catilinas. Schreibe ihre Übersetzungen in dein Heft und trage die Nummen der Sätze in die passenden Felder der Denkblasen ein. Einen Satz kannst du nicht einordnen. Warum nicht?

1. „Si Catilina summam potestatem rei publicae obtinuisset, ego certe interfectus essem."
2. „Nisi periculum rei publicae Romanae cognovissem, coniuratio bene successisset."
3. „Utinam ne socii Catilinae per totam Italiam essent!"
4. „Utinam Catilina consilio consulatum petendi destitisset!"
5. „Num antea fortasse consilia viri istius comperire potuissem?"
6. „Si homo iste Romae se contineret, statim poena afficeretur."
7. „Si saluti rei publicae providebo, pater patriae nominabor."

Gegenwart:

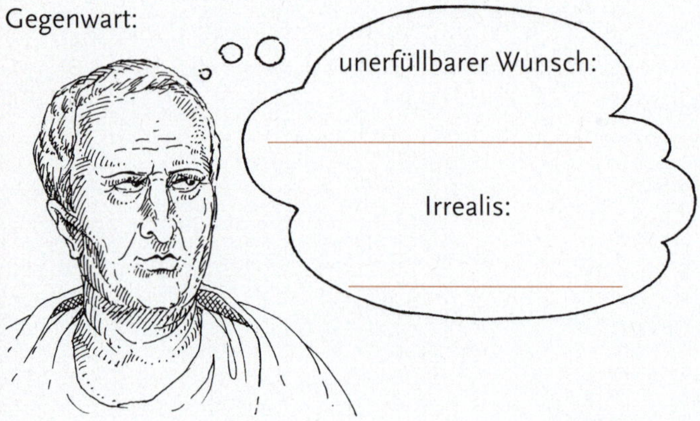

Vergangenheit:

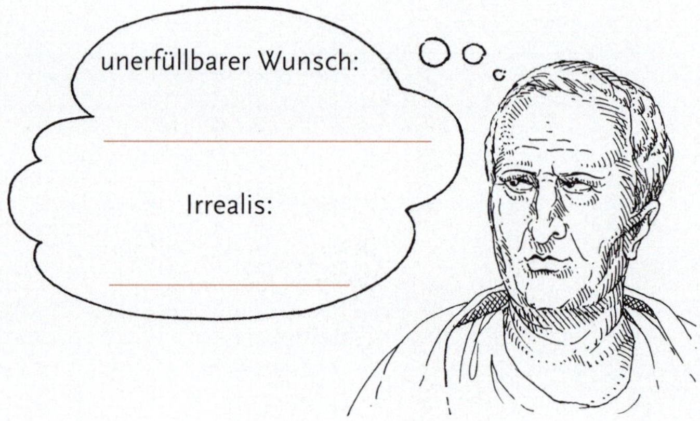

Das Christentum zu Beginn unserer Zeitrechnung

1 Vervollständige mit Hilfe der Informationen in deinem Lateinbuch und anderer Quellen die Übersicht.

– n. Chr.
Kaiser: Aurelian
neu eingeführter Kult:

284–305 n. Chr.
Kaiser:
systematische Christenverfolgungen

27 v. – 14 n. Chr.
Kaiser:

379–395 n. Chr.
Kaiser:

– n. Chr.
Kaiser: Tiberius

– n. Chr.
Kaiser: Konstantin

ca. :
Geburt Jesu Christi

312 n. Chr.:

380 n. Chr.:

313 n. Chr:

ca. 30 n. Chr:

391 n. Chr.:

ca. 321 n. Chr.:

ca. n. Chr.:
Beginn des öffentlichen Wirkens Jesu

– n. Chr.
Gründung Konstantinopels = neue Hauptstadt des römischen Reiches

1

Verbenkomposition

Bevor du die folgende Aufgabe bearbeitest, wiederhole die Vokabeln der Lektionen 28 und 29.
Wie im Deutschen können im Lateinischen Wörter aus einzelnen Bestandteilen gebildet werden.

Präfix	+ Simplex	= Kompositum
Cum	+ ponere	= componere
zusammen (mit)	+ stellen, setzen	= zusammenstellen, -setzen

Die Präfixe kennst du (manchmal in etwas abgeänderter Form) oft auch als Präpositionen.

1. Notiere links die Bedeutungen der Präpositionen/Präfixe und den Kasus, bei dem sie stehen,
2. Dann „komponiere" aus den Präpositionen/Präfixen möglichst viele dir bekannte Verben und gib zunächst ihre Grundbedeutung, danach ihre Stammformen und weiteren Bedeutungen an.
3. Manchmal gleicht sich das Präfix bei der Zusammensetzung an das Simplex an, das nennt man dann *Assimilation*. Erkläre diesen Begriff mit Hilfe deiner Lateinkenntnisse und einiger Beispiele. Übrigens kommt es auch vor, dass das Verb eine etwas andere Form annimmt. Also: Vorsicht bei deinen Kompositionen!

con (= ______) ______

per ______

ad ______

re *wieder, zurück*
dis *auseinander, zer-, weg-*

ab ______

de ______

e/ex ______

\+

venire
facere
sentire
pellere
tribuere
tenere
cedere
ire
esse
ducere
mittere
rapere

______

______

2

Silbenrätsel

Setze die lateinischen Grundwörter aus den Silben richtig zusammen :
auc • de • de • di • es • fen • fruc • len • lis • mi • pau • pe • per • re • re • re • si • si • sus • te • ti • tor • tus • u • um

1. author ______
2. day ______
3. silence ______
4. use ______
5. fruit ______
6. similar ______
7. poor ______
8. (to) defend ______
9. (to) repeat ______

1 *ferre*

Das Verb ferre hat ein paar außergewöhnliche Formen. Ergänze richtig:

	Aktiv		Passiv	
	Indikativ	Konjunktiv	Indikativ	Konjunktiv
Präsens	fer fer fer fer i fer fer u		fer fer fer fer i fer i fer u	
Imperfekt	fer eba fer eba fer eba fer eba fer eba fer eba	fer re fer re fer re fer re fer re fer re	fer eba fer eba fer eba fer eba fer eba fer eba	fer re fer re fer re fer re fer re fer re
Futur I	fer a fer e fer e fer e fer e fer e		fer a fer e fer e fer e fer e fer e	
Perfekt	tul i tul …		latus, -a, -um sum latus, -a, -um es …	
Plus-quamperfekt	tul era m tul era …	tul isse m tul isse …	latus , -a, -um eram latus, -a, -um era …	latus, -a, -um essem latus, -a, -um esse …

2 *Intelligentes Lernen*

Die *Bedeutung* der *Komposita* kannst du oft aus dem *Sinn* der *Vorsilben* ableiten. Notiere neben der Vorsilbe die jeweilige Grundbedeutung. (Achtung: Nicht immer lässt sich die Bedeutung der zusammengesetzten Verben ganz eindeutig erschließen!)

Vorsilbe	Bedeutung	Vorsilbe	Bedeutung
a-/ab/abs-		ob-/obs-	
ad-		per-	
com-/con-/co-		prae-	
de-		dis-	
e-/ex-		re-	
in-		trans-	

Folgende Bedeutungen kannst du nutzen, eine Bedeutung passt gar nicht.

1) zurück-, wieder, wider- 2) fort-, weg-, auseinander- 3) vorbei- 4) hinüber-, über- 5. ab-, weg- fort- 6) voran-, voraus- 7) herab-, hinab-, weg- 8) durch- 9) heran- , an-, hinzu- 10) entgegen- 11) zusammen- gemeinsam 12) darin-, hinein- 13) heraus-, aus-

3 *Doppelter Nominativ – doppelter Akkusativ – Prädikativum*

Entscheide und übersetze.

a Athenis viri sapientes magistros se offerebant. (______________)

____

b Socrates et Plato principes philosophiae habentur. (______________)

____

c Philosophia prima in Graecia inventa est. (______________)

____

d Philosophi homines beatos reddere in animo habent. (______________)

____

4 *Immer wieder qui, quae, quod*

Das Pronomen qui, quae, quod kann ganz unterschiedlich eingesetzt sein. Überlege, welche Verwendung vorliegt, und übersetze.

a Europa, quae in litore stabat, taurum[1] pulchrum vidit. (______________)

____

b Qui taurus[1] filiam regis per mare in insulam Cretam duxit. (______________)

____

c Qui deus filiam regis e patria duxit? (______________)

____

1 taurus, -i m. *Stier*

1
Freunde der Weisheit

Du hast einige der wichtigsten Philosophen der Antike kennen gelernt. Ordne sie historisch ein:

Zeit	Philosoph
7./6. Jh. v. Chr.	
5./4. Jh. v. Chr.	
4. Jh. v. Chr.	
1. Jh. v. Chr.	
1. Jh. n. Chr.	

Die Philosophen (Du findest sie auch auf dem Bild in Lektion 34 in deinem Lateinbuch.)

Sokrates und Platon • Seneca • Thales und Pythagoras • Diogenes • Cicero

2
Alles Sprüche

a Schon in der Antike wurden Aussprüche der Philosophen gesammelt. Deswegen gibt es viele griechische Aussprüche in lateinischer Übersetzung. Kombiniere die passenden Sprüche.

b Überlege, was mit den Aussprüchen gemeint ist. Finde ähnliche deutsche Sprüche.

Nosce te ipsum. (Thales)	Niemand kann vor dem Tod glücklich genannt werden.
De mortuis nihil nisi bene. (Chilon)	Alles fließt / ist in ständigem Wandel.
Omnia mea mecum porto. (Bias)	Das Glück hilft den Tapferen.
Fortes fortuna adiuvat. (Simonides)	Wo es dir gut geht, ist deine Heimat.
Manus manum lavat. (Seneca)	Ich trage meinen ganzen Besitz mit mir.
Ubi bene, ibi patria. (Cicero)	Durch Anstrengendes zu den Sternen.
Per aspera ad astra. (Seneca)	Erkenne dich selbst.
Nemo ante mortem beatus. (Solon)	Über Tote nur Gutes.
Cuncta fluunt. (Heraklit)	Eine Hand wäscht die andere Hand.

3
Wahre Bildung

Überlege, ob die Aussagen richtig sind.

a Söhne vornehmer Römer reisten zum Studium nach Athen.
b Neben der Redekunst lernten sie dort auch philosophisches Gedankengut kennen.
c Die frühen Philosophen vor Sokrates beschäftigten sich nicht mit Mathematik.
d Sokrates starb hochgeehrt in hohem Alter in Athen.
e Sein Schüler war Aristoteles, der wiederum Platon unterrichtete.
f Ciceros Leistung bestand in der Übersetzung griechischer Philosophie ins Lateinische.
g Epikur lehrte, dass der Mensch sich zum Glücklichsein in der Politik engagieren soll.
h Für die Stoiker war es wichtig, ein Leben gemäß der Natur zu führen.
i Die Kyniker führten ein Leben in völliger Bedürfnislosigkeit.

ABLATIVUS ABSOLUTUS – EINE SATZWERTIGE KONSTRUKTION

Auch der Ablativus absolutus ist eine satzwertige Konstruktion. Manches, was du vom AcI und vom PC kennst, nützt dir auch für das Erkennen und die Wiedergabe des Abl. abs. Allerdings musst du auch auf einige Besonderheiten achten:

Zwei Britannier in den Thermen

Mercatoribus in natatione animos relaxantibus fur[1] clam vestes rapuit.

Information B

Die Kaufleute entspannen sich im Schwimmbecken.

Diese Information wird durch den *Abl. abs.* ausgedrückt.

Information A

Ein Dieb raubte heimlich die Kleider.

Diese Information wird durch das *Prädikat* mit seinen *Erweiterungen* mitgeteilt.

An diesem Beispiel wird deutlich, dass der Ablativus absolutus eine *satzwertige Konstruktion* ist. Die beiden Informationen bezeichnen zwei Handlungen, die von verschiedenen Personen (den beiden Kaufleuten; dem Bäderdieb) ausgeführt werden. Wie beim PC musst du dir überlegen, in welchem *logischen Verhältnis* beide Handlungen zueinander stehen. Im obigen Beispiel wird deutlich, dass hier ein *zeitliches Verhältnis* ausgedrückt wird; beide Handlungen geschehen parallel, also *gleichzeitig*. Wenn du diese Entscheidung getroffen hast, kannst du wieder nach dem *BUS-Konzept* (Beiordnung; Unterordnung; substantivische Wendung) übersetzen:

1. Die Kaufleute entspannten sich im Schwimmbecken und gleichzeitig stahl ein Dieb ihre Kleider.
2. Während die Kaufleute sich im Schwimmbecken entspannten, stahl ein Dieb ihre Kleider.
3. Die Substantivierung ist nur selten möglich; auch hier geht's nicht!

1 fur, furis m. *Dieb*

Welche der drei Möglichkeiten solltest du auswählen?

Weil sie immer gelingt und das logische Verhältnis entsprechend wiedergibt, ist die Wiedergabe als *subjunktionaler Nebensatz* (*Unterordnung*) die beste Möglichkeit. Sehr oft ist das logische Verhältnis zwischen den beiden Handlungen *temporal*.
Tipp: Versuche deshalb als erste Übersetzung einen temporalen Nebensatz (während/nachdem); wähle dann, wenn nötig, eine passendere Subjunktion.

Welche Gemeinsamkeiten bestehen zwischen dem PC und dem Ablativus absolutus?

- Beide sind satzwertige Konstruktionen.
- Bei beiden Konstruktionen gibt es eine Klammerstellung:
  PC: Nomen in KNG-Kongruenz – ggf. Erweiterung- Partizip
  Abl. abs.: Nomen in KNG-Kongruenz – ggf. Erweiterung- Partizip
- Wie das Partizip beim PC bezeichnet das Partizip beim Abl. abs. kein Tempus, sondern das *Zeitverhältnis zum übergeordneten Prädikat*. Es gilt die gleiche Tabelle für das Tempus im deutschen Nebensatz (Übersetzungstraining 5, Texte und Übungen S. 130).

Welche Unterschiede bestehen zwischen dem PC und dem Ablativus absolutus?

- Beim Ablativus absolutus stehen das Partizip und das Nomen in KNG-Kongruenz ausschließlich im Ablativ.
- Der Ablativus absolutus kann nicht wörtlich oder mit einem Relativsatz wiedergegeben werden.

Mögliche Schrittfolge bei der Übersetzung eines Abl. abs.:

1. Markiere Partizip und kongruentes Nomen im Ablativ und verbinde beide mit einer Klammer.
2. Übersetze den Abl. abs.-Block als subjunktionalen Temporalsatz. Beachte dabei die Partizipien (PPA-PPP). Berücksichtige bei der Wahl des Tempus die Tabelle.
3. Prüfe das logische Verhältnis: Ist ein anderes logisches Verhältnis (z. B. kausal, konzessiv) treffender als das temporale? Setze dann eine passende Subjunktion ein.

Wende diese drei Schritte bei der Übersetzung des folgenden Satzes an:

Medico praesente Argenis aegrotationem[2] simulavit.

Schritt 2: ______________________________

____

Schritt 3: ______________________________

____

2 aegrotatio, -onis f. *Krankheit*

In dem folgenden Test kannst du selbst überprüfen, ob du alle wichtigen Lerneinheiten der Lektionen 17 bis 34 beherrschst.

1 Wortschatz

a Gib die Stammformen (jede Reihe 1 Punkt) und Bedeutungen (insgesamt 1 Punkt) an:

tangere ______

colere ______

capere ______

gerere ______

trahere ______

augere ______

b Nenne Genitiv, Genus (insgesamt 1 Punkt) und die Bedeutungen (insgesamt 1 Punkt):

urbs ______

genus ______

res ______

pars ______

ius ______

aetas ______

c Gib die Bedeutungen an (jeweils 1 Punkt pro Wort möglich, wenn alle Bedeutungen richtig sind):

tot ______ sin ______

deinde ______ ceterum ______

hodie ______ facile ______

2 Grammatik

a Bilde jeweils PPA und PPP im Abl. Sg. m. und Abl. Pl. m. (pro Form 1 Punkt):

	PPA (Abl. Sg. m. / Abl. Pl.m.)	PPP (Abl. Sg. m. / Abl. Pl. m.)
petere		
ducere		
facere		
dare		

b Bestimme folgende Verbformen (jeweils 1 Punkt):

adiunxisset ______ negaret ______ adducetur ______

positi essent ______ crescerentur ______ rapuerant ______

repellent ______

c Kreuze die jeweilige Spalte an, wenn Kongruenz zwischen Substantiv und Pronomen besteht. (jeweils 1 Punkt)

haec	illi	idem	ipsa	ulli
litora				
amori				
hostis				
uxori				
scelera				
species				

d In jedem der folgenden Sätze geht es um eine Erscheinung der Satzlehre; nenne sie (jeweils 1 Punkt):

Thermis aedificatis populus laetus fuit. (______)

Docendo discimus. (______)

Si tacuisses, philosophus mansisses. (______)

Si taceres, philosophus maneres. (______)

Caesar adventu mulieris permotus amore incensus est. (______)

3 *So lebten die Römer*

Richtig oder falsch? Entscheide. (Jeweils 1 Punkt)

1. Die Königstochter Europa stammte aus Phönizien.
2. Die Lehre der Druiden wurde nur mündlich weitergegeben.
3. Der Verlauf des Limes ist heute kaum noch festzustellen.
4. Caesar hat nie britannischen Boden betreten.
5. Der Feldzug des Varus fand im Jahre 9 v. Chr. statt.
6. Kaiser Claudius soll von seiner Frau vergiftet worden sein.
7. Der Philosoph Seneca war der Erzieher des Kaisers Nero.
8. Kaiser Caracalla verlieh fast allen Bewohnern des Reiches das Bürgerrecht.
9. Cicero bewarb sich vergeblich um das Konsulat.
10. Kaiser Konstantin schaffte die Christenverfolgungen ab.

	recte	false
1.		
2.		
3.		
4.		
5.		
6.		
7.		
8.		
9.		
10.		

Auswertung:

72–65 Punkte	64–50 Punkte	49 und weniger Punkte
Du hast den bisherigen Stoff gut gelernt.	Du weißt schon so einiges, kannst dich aber noch verbessern.	Du solltest den Stoff der Lektionen 17–34 noch einmal wiederholen.

BILDNACHWEIS

Titelfoto: „Mein Vater der Kaiser" – Massenszene © dpa – Fotoreport
A1PIX/DUC 7 l. o.
Argum / Thomas Einberger 7 r. o.
Binder, V. Berlin Karte 11
Efing, A. Münster 7 u.
Face to face 7 mi.